Barbara Reik

Cappuccino mit Gott

Eine unerwartete Begegnung

Inhalt

Endlich, endlich hatte ich es geschafft und einen Vertrag als Journalistin bekommen. Endlich kein Praktikum mehr! Seit dem 1. März 2020 hatte ich eine richtige Stelle! Na ja, ich hatte mir den Job anders vorgestellt. Spannender, dass ich etwas bewegen könnte, noch besser: direkt im Zentrum des Weltgeschehens oder so. Stattdessen war ich im Zentrum diverser Vereine gelandet, über deren „spannende" Hauptversammlungen ich berichten sollte … aber nicht konnte, weil diese nicht stattfinden durften. Wegen Corona. Alle im Lockdown.

Also, kaum einen Job und schon in Kurzarbeit. Das einzig dazu passende Wort wollte ich nicht in den Mund nehmen …

„Herr im Himmel", knurrte ich, „warum ausgerechnet jetzt dieses blöde Virus?"

Da läutete mein Handy. Ohne eine angezeigte Nummer. Nicht mal unterdrückt. Es klingelte einfach so. Seltsam.

„Hallo, Julia hier", meldete ich mich neugierig.

„Gott, Herr im Himmel hier", kam die Antwort.

Ich stutzte: „Okay, guter Einstieg. Sie haben meine Aufmerksamkeit, Herr Gott."

„Ich spreche mit Julia vom Abendkurier, richtig?"

„Ja …"

„Wunderbar. Wissen Sie, ich telefoniere nicht so häufig. Da frage ich lieber noch einmal nach. Jedenfalls möchte ich, dass Sie ein Interview mit mir machen. Für den Abendkurier."

„Sorry. Ich verstehe nicht ganz … Ich kenne Sie gar nicht. Warum sollte ich Sie also interviewen? Und wen sollte das Interview interessieren?"

„Alle! Besonders diejenigen, denen es so geht wie Ihnen. Deshalb rufe ich ja an."

Ich wurde ungeduldig: „Wir machen nur Interviews mit lokalen Persönlichkeiten, manchmal mit Promis. Das heißt, mit Menschen von allgemeinem Interesse, die etwas Bedeutendes zu sagen haben."

„Sie meinen also, Gott sei kein Promi, nicht von allgemeinem Interesse und er hätte nichts zu sagen? Haben Sie wirklich diesen Gott gemeint, als Sie ihn vor wenigen Minuten wegen des blöden Virus kontaktiert haben?"

„Ich … ich … woher wissen Sie, dass ich …?" Ich war ins Stottern geraten. Was war das für ein Typ, den ich da in der Leitung hatte? Woher wusste er, dass ich gerade ‚Gott im Himmel' gesagt hatte?

Die Stimme fuhr fort: „Sie haben mich angerufen."

„Quatsch!", entgegnete ich. „Sie haben mich angerufen."

„Ich habe geantwortet, als Sie mir Ihre Botschaft schickten." Dann wiederholte er meine Worte: „‚Herr im Himmel, warum ausgerechnet jetzt dieses blöde Virus.'"

Ich musste mich setzen.

„Ich, Gottvater im Himmel, möchte, dass Sie möglichst bald ein Interview mit mir machen. Es ist dringend. Sonst hätte ich nicht so schnell zurückgerufen."

„Sie wollen mich doch für dumm verkaufen."

„Nein, ich möchte Sie nicht verkaufen. Ich brauche Sie! Ich habe nämlich einen Wunsch, und der kommt Ihren Wünschen entgegen. – Sie wollten doch schon immer über mehr als die Hauptversammlung des Kleintierzüchter-Vereins berichten. Machen Sie also das Interview mit mir, und Sie sind im Zentrum des Weltgeschehens."

„Im Zentrum …", wenn ich nicht schon gesessen hätte, hätte ich mich jetzt setzen müssen.

Das Ganze wurde mir unheimlich.

„Es braucht Ihnen nicht unheimlich zu werden", sagte die Stimme am Telefon. „Gott ist eine Sache des Glaubens. Würden Sie mich kennen und an mich glauben, dann wäre es jetzt leichter für Sie. Denken Sie nach. Was haben Sie zu verlieren? Ich lade Sie ein. Auf eine Tasse Cappuccino bei meinem Lieblings-Italiener."

„Zum Italiener? Ich dachte mit Gott spricht man in der Kirche."

Es war kurz ruhig am Apparat.

Dann kam die Antwort: „Hervorragende Idee! Sie haben recht. Wir treffen uns in einem Gotteshaus. Um Gottes Wort zu predigen und zu hören, wurden die Kirchen ja erbaut. Das ist exakt das richtige Ambiente für unser Interview. Genau das, was Ihre Leser erwarten: Gott in der Kirche! Perfekt, Julia, Sie verstehen Ihr Metier. Und mit dieser Wahl stoße ich keinen Griechen, keinen Asiaten und überhaupt keinen Gastronomen vor den Kopf. Die haben es momentan eh schon schwer genug, weil niemand mehr in Restaurants darf.

Also abgemacht: Wir treffen uns in einer Kirche.

Ich melde mich wieder, wenn ich die ideale Kirche gefunden habe. Keine Sorge, es wird nicht lange dauern. Auf Gottes Wort können Sie sich verlassen.

Leben Sie so weiter wie bisher. Gehen Sie raus. Tun Sie, was geht – es geht zurzeit nicht viel, und das Wenige möchte ich Ihnen nicht auch noch nehmen.

Ich finde schon einen passenden Termin für meinen Rückruf. Sie werden ihn nicht versäumen. Bis bald Julia. Amen."

Tuut, tuut, tuut … er hatte aufgelegt.

Ich rannte auf und ab. Ging unzählige Kontakte in meinem Handy durch, von denen ich dann doch keinen anrief. Was hätte ich sagen sollen? „Eben hat Gott bei mir angerufen." Wohl kaum.

Natürlich konnte ich nicht schlafen. Am nächsten Morgen rief ich in der Redaktion an. Ich wollte dringend um einen Termin beim Chefredakteur bitten. Aber als ich ihn endlich an der Strippe hatte, erzählte ich doch lieber etwas anderes, etwas Diffuses. Was mir halt eben einfiel, denn ich wollte erst sicher sein, mit Gott.

Einen Tag später kam der Rückruf. „Julia, wären Sie auch bereit, ein paar Kilometer zum Interview zu fahren?", fragte Gott.

„Sicher", antwortete ich.

„Ich habe noch kein Gotteshaus gefunden, das uns reinlässt. Es hört sich eigenartig an, aber der Mesner der Stadtkirche sagte, dass aufgrund der Pandemie die Kirche bis zum nächsten Gottesdienst geschlossen sei. Da könne er auch für Gott keine Ausnahme machen.

Mein Argument, dass Gott ganz einfach in sein Haus kommen möchte und bestimmt niemanden anstecken werde, ließ er nicht gelten. Es sei eine Verordnung von ‚oben'.

In der Sankt Josefskirche habe ich gleich gar niemanden erreicht. Da war permanent der Anrufbeantworter eingeschaltet, und wie immer beantwortet dieser keinen Anruf. Auch in den Glaubensgemeinschaften war ich ohne Erfolg. Aber es gibt ja noch Kapellen und eine Klosterkirche in der Nähe. Wenn ich dort jemanden erreicht habe, melde ich mich wieder. Leben Sie wohl. Bis dahin, Julia. Amen."

Ups, das hatte ich nicht erwartet. Dass die Gottesdienste wegen COVID-19 abgesagt waren, wusste ich. Dass aber Gott nicht in sein Gotteshaus durfte, wunderte mich sehr. Schließlich – wenn man es genau nimmt – sind wir ja *eine* Familie und *ein* Haushalt. Er, Gott. Ich, ein Kind Gottes.

Nun denn, ich machte lange Spaziergänge und vertiefte mich daheim in die Lektüre der Bibel. Aber immer wieder drifteten meine Gedanken zu den ungeheizten Kapellen ab. Wenn schon kalt, dann wäre mir die Klosterbasilika am liebsten gewesen. Zwar ein paar Kilometer weiter weg, aber sie täte der Geschichte gut. „Interview mit Gott in der Klosterbasilika" – Das hatte doch was!

Es war gegen Abend, als sich Gott wieder meldete: „Machen wir es kurz, Julia: Wir treffen uns doch beim Italiener. Übermorgen, da darf er wieder draußen bewirten. Sie tragen den geforderten Nasen- und Mundschutz und gehen in die Pergola. Dort warte ich auf Sie. Setzen Sie sich bitte gegenüber an den Tisch. Dann halten wir den Mindestabstand ein. Ich möchte Leonardo keinen Ärger machen. Ihre Anschrift hinterlassen Sie bitte auch, um mögliche Ansteckungswege verfolgbar zu machen. Ich hoffe, es ist für Sie okay."

Ich bejahte, und Gott sagte sein Amen.

Dann googelte ich Gottes Lieblingsitaliener und stellte fest, dass seine erste Wahl gar nicht so schlecht war.

Das italienische Café befand sich direkt gegenüber der alten gotischen Kirche unserer Stadt.

Ich musste es nur fertigbringen, dass Gott sich so hinsetzte, dass er die Kirche im Rücken hatte. Das würde ein super Foto abgeben!

Doch zuerst brauchte ich die Genehmigung für das Interview. Das lag mir echt im Magen, weil das Ganze schon ziemlich strange war. Aber ich wollte unbedingt meine Chance auf der Karriereleiter ergreifen und Gott kennenlernen. Ich hatte x Fragen an ihn und sicher nur diese eine Chance, und die wollte ich nutzen.

Nach langem Hin und Her bekam ich einen Termin beim Chefredakteur für den nächsten Vormittag vor der Redaktionskonferenz. Also auf den letzten Drücker.

Als ich unserem Chef gegenüberstand, anderthalb Meter von ihm entfernt, wusste ich hinter meiner Alltagsmaske nicht, wie ich anfangen sollte.

„Was ist denn so wichtig, dass es nicht vom Homeoffice aus erledigt werden kann?", knurrte er.

„Ich wurde um ein Interview gebeten. Ein persönliches."

„Unsinn. Sie kennen die Hygienevorschriften. Alle Interviews finden heutzutage am Telefon oder per Mail statt."

„Aber er will es so."

„Wer will es so?"

„Gott." Jetzt war es raus.

Der Chefredakteur lachte. Nein, er wieherte.

„Sie wollen ein Interview mit Gott machen. Persönlich?"

„Ja, er hat mich angerufen."

„Entweder sitzt Ihre Maske zu eng oder jemand hat Ihnen einen Bären aufgebunden."

„Nein, kein Bär. Gott hat angerufen. Er wusste alles. Sogar das, was ich dachte", stammelte ich.

„Gott hat angerufen …" Der Chefredakteur verschluckte sich beim Lachen und lief puterrot an. Er musste seinen Mundschutz kurz abnehmen, sonst wäre er erstickt.

„Er konnte meine Gedanken über das Virus wörtlich wiederholen."

Da wurde mein Chef still. Ging auf und ab und ab und auf und blieb stehen. Er schwitzte um seinen Mundschutz herum.

„Wann?", fragte er.

„Morgen."

„Okay. Probieren wir's. Morgen bekommt der Kurier Interna über das Virus von Gott. Das ist 'ne Story!" Er schüttelte den Kopf. „Eigentlich sollte ich selber hin …"

Er sprach weiter in Gedankenfetzen: „Gott in der Corona-Krise … Exklusiv für den Kurier … Gott meldet sich zu Wort. Nicht bei Anne Will, sondern im Abendkurier …!"

Inzwischen klebte sein Mund- und Nasenschutz am Gesicht.

„Das ist nichts für meinen Bluthochdruck. Sie gehen hin. Sie bringen mir eine Story. Eine gute. Eine heiße. Eine Titelstory. Alle Infos zur Pandemie, zum Rassismus, zu Trump und zum RKI. Und seine Einschätzung, ob die Fußball-Europameisterschaft trotz Corona stattfinden wird. – Ach was, checken Sie nachher Ihre E-Mails. Ich schicke Ihnen die wichtigsten Fragen.

Aber dass eins klar ist: Ich bekomme das ganze Material.

Und Sie bringen mir den Namen und ein Foto von diesem Typen … diesem Gott, diesem Hellseher oder einfach Irren.

Sie sprechen mit niemandem darüber. Nur mit mir! Wenn ich sage, das Interview hat nie stattgefunden, dann hat es nie stattgefunden. Ist das klar?! Nur ich entscheide, was mit dem Interview geschieht. Also dann."

Er ging zur Tür und verließ ohne ein Amen den Raum.

Mein Mundschutz war so feucht wie meine Hände. Aber ich hatte die Erlaubnis. Morgen würde ich diesem Typ, der sich Gott nannte, gegenüberstehen … Da bekam plötzlich auch ich keine Luft mehr … und wenn es wirklich Gott war? Hätte ich doch nur besser im Religionsunterricht aufgepasst! Nun, ich hatte ja noch Zeit, mich vorzubereiten.

Um es vorwegzunehmen: Ich kam irgendwie heim, konnte mich auf überhaupt nichts konzentrieren und schlief, die Bibel in der Hand, ein.

Das Treffen

Als ich mit weichen Knien das kleine italienische Café betrat, erkannte ich ihn sofort – obwohl er mit dem Rücken zu mir saß. Diese langen Haare konnten nur ihm gehören!

Allerdings hatte ich mir die Haarpracht weiß und den Mann alt vorgestellt. So aber fiel mein Blick auf breite Schultern, ein weißes Hemd und eine Ausstrahlung, die mich fast umwarf. – Oh, mein Gott!

Ich ging, so beherzt wie mir möglich, in seine Richtung, froh, meine Überraschung hinter der Maske verstecken zu können. Ohne mich kommen zu sehen, stand er auf, bot mir den freien Stuhl am Tisch an. Obwohl auch er eine Maske trug, eine blaue mit weißen Wölkchen, konnte ich spüren, wie er mir freundlich zulächelte. „Grüß Gott", begrüßte er mich.

„Das wollte ich gerade tun…", räusperte ich mich. „Hmm … also, Sie begrüßen. Mit ‚Grüß Gott' … und ‚Guten Tag'. Aber da sind Sie mir zuvorgekommen."

Ich stammelte vor mich hin, was eindeutig an meiner Aufregung lag. „Ich bin Julia vom Abendkurier. – Und wie darf ich Sie anreden?"

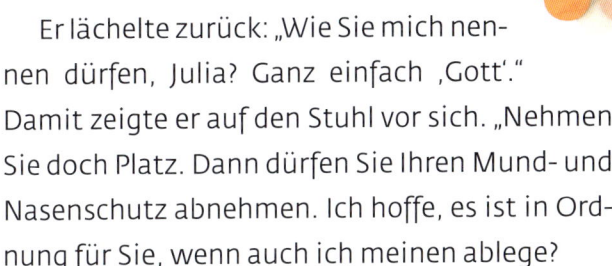

Er lächelte zurück: „Wie Sie mich nennen dürfen, Julia? Ganz einfach ‚Gott'." Damit zeigte er auf den Stuhl vor sich. „Nehmen Sie doch Platz. Dann dürfen Sie Ihren Mund- und Nasenschutz abnehmen. Ich hoffe, es ist in Ordnung für Sie, wenn auch ich meinen ablege?

Gefällt Ihnen dieser Platz? Er wurde mir zugewiesen. Wenn nicht, dann moniere ich, und wir müssen den Schutz noch kurz tragen."

„Na ja", plötzlich war ich spontan und mutig und hatte alle Fragen meines Chefredakteurs vergessen. „Der Platz ist sehr gemütlich. Aber eigentlich sollte Gott doch dort drüben sein. In seinem Haus." Ich zeigte zur Kirche.

„Wenn es immer noch Ihr Wunsch ist, sehr gerne. Gehen wir rüber. Leonardo und der Cappuccino können warten."

Ich staunte nicht schlecht. Am Telefon hatte er mir doch gesagt, dass wir da nicht reindurften.

Total aufgeregt stand ich wenig später mit Gott an der hohen, kunstvoll geschnitzten Kirchenpforte. Dort war ein Aushang angebracht: „Der Gottesdienst findet ab Sonntag 18.05.2020 wieder zu gewohnter Zeit unter Einhaltung der Hygienevorschriften statt."

Und ich durfte heute schon rein! Was für ein Privileg! Ich konnte es kaum erwarten, einzutreten, und drückte die Klinke. Abgeschlossen. Ich las weiter: „Bis dahin bleibt unsere Kirche wegen Corona geschlossen."

„Ohne Corona wäre sie um diese Zeit jedoch auch geschlossen", klärte mich Gott auf. „Aus Angst vor Vandalismus. Die Menschen haben verlernt, fremdes Eigentum zu respektieren, Kunst wertzuschätzen und in der Kirche zu lassen, was der Kirche gehört."

Er klopfte an.

Jetzt musste ich lächeln: „Das wird nicht funktionieren. Wenn zugeschlossen ist, dann ist auch niemand in der Kirche, der aufmachen könnte."

In diesem Augenblick öffnete sich die Pforte … ganz von alleine, wie von Geisterhand. Es verschlug mir den Atem.

„Keine Zauberei", sagte Gott. „Es ist so, wie es geschrieben steht: ‚Suchet, so werdet Ihr finden, klopfet an, so wird Euch aufgetan.'" Bei Gott schien alles recht selbstverständlich zu sein. Er trat ein und hielt mir die gläserne Trennungstüre zum Innenraum auf. „Kommen Sie."

Gottes Wort in der Kirche. Ich folgte seiner Einladung.

Das Licht floss hell und warm durch die hohen, kunstvoll verarbeiteten Glasfenster in das große Kirchenschiff und legte sich wie ein zartes Gespinst aus Goldfäden über das dunkle Kirchengestühl und den blanken Steinboden.

So hatte ich den Kirchenraum noch nie gesehen. Ich blieb stehen und wartete darauf, ebenfalls von diesem Licht umhüllt zu werden. Da kam mir ein Bibelwort aus meinem Religionsunterricht in den Sinn: ‚Ich bin das Licht der Welt.'

„So ist es", hörte ich Gottes Stimme hinter mir.

Und dann war es bei mir. Dieses Licht, das mich nicht nur sanft umhüllte, sondern warm und leuchtend in mich hineinfloss. Ich schloss die Augen.

„Wie kommen Sie hier herein?!", erscholl eine energische Stimme an der Pforte. „Haben Sie das Schild nicht gelesen? Gottesdienst ist hier erst am Sonntag. Die Kirche ist wegen der Pandemie geschlossen."

In dem Augenblick war mir die Pandemie egal wie sonst noch was. Ich wollte in diesem Licht bleiben.

Gott war so freundlich, mir die Antwort abzunehmen. Er entschuldigte sich höflich bei der Mesnerin und versprach, umgehend das Gotteshaus zu verlassen.

„Sie haben mir noch nicht geantwortet", keifte sie. „Wie sind Sie hier hereingekommen? Was wollen Sie hier überhaupt?"

„Ich bin durch die Pforte gekommen, und es war der Wunsch dieser Dame, hier in diesem Gotteshaus mit Gott zu reden."

„Die Türe hatte ich abgeschlossen. Es ist eine Anweisung von ganz oben, dass die Kirchen geschlossen sein müssen."

„Von oben", Gott berichtigte sie. „Nur von oben, von *ganz oben* kam sie nicht. Obwohl ich dieses Verbot bis zu einem gewissen Grad für sehr vernünftig halte, habe ich es nie ausgesprochen."

„Sie? Wer sind Sie denn? Sind Sie Politiker?"

„Nein. Ich bin Chef der anderen Seite. Ich bin Gott."

„Unterlassen Sie diese abgeschmackte Blasphemie! Sie sind in einem Gotteshaus."

„Dessen bin ich mir bewusst und eben aus diesem Grund hier."

Die Mesnerin musterte Gott von unten bis oben und zurück.

„Gehen Sie, und schämen Sie sich! In so einer ernsten Zeit macht man über Gott keine Witze und benutzt auch kein solches Klischee. Diese langen Haare. Fehlt nur noch der Rauschebart. Sie denken wohl, es reicht aufzufallen und schon kann man den Lieben Gott geben."

„Es liegt mir fern aufzufallen. Wenn dies meine Absicht gewesen wäre, hätte ich mich des Klischees Jesu Christi bedient. Dieser wäre nackt, nur mit Lendentuch und Dornenkrone in der Fußgängerzone erschienen. Das hätte Aufsehen erregt.

Ich bin aber nur in mein Haus gekommen. Und wie ich sehe, steht hier alles zum Besten. Mein Haus ist gut verwaltet und fest verschlossen."

„Muss es ja auch sein. Es wäre fahrlässig, die Kirche offen zu lassen. Schließlich tragen wir eine große Verantwortung unserer Gemeinde gegenüber. Hier soll sich niemand anstecken. Es geht doch um die Gesundheit vieler Menschen."

„Sie haben recht. Sie tun, was Sie können, um die körperliche Unversehrtheit Ihrer Gemeindemitglieder zu schützen. Ich gebe Ihnen mein Wort: Weder Julia noch ich sind positiv. Niemand wird körperlichen Schaden durch unsere Anwesenheit nehmen.

Wir sind hier, weil bei Gott auch Zuflucht gesucht wird, wenn die Seele leidet."

„Dafür gibt es die Telefonseelsorge, und die Gläubigen können dem Gottesdienst digital beiwohnen. Das macht zwar sehr viel Arbeit, ist aber nicht ansteckend.

Wenn Sie unbedingt in einen Kirchenraum wollen, dann melden Sie sich im Gemeindezentrum an. Da sind wir mit allem durch, und die Hygienemaßnahmen haben sich am Muttertag bewährt! In dieser alten Kirche ist es viel schwieriger, das umzusetzen. Aber am Sonntag wird es auch hier wieder soweit sein, dass der Gottesdienst stattfindet.

Nun muss ich Sie jedoch bitten …" Sie öffnete den Flügel der Glastüre und deutete hinaus.

„Wir gehen", sagte Gott und wandte sich zu mir um: „Sie sind soweit, Julia?"

Ich hatte keine Ahnung, wie weit ich war. Das Licht war weg! Und ich stellte mit Entsetzen fest, dass ich vergessen hatte, mein Handy einzuschalten, um alles aufzunehmen. Hoffentlich ließ mich beim Schreiben meine Erinnerung nicht im Stich.

„Das wird sie nicht", versicherte mir Gott mit einem Lächeln hinter seiner Maske. Er ging durch die Glastüre weiträumig an der Mesnerin vorbei, nahm ein Kuvert aus seiner Hemdtasche und warf es in den Opferstock.

„Damit Sie keine Angst vor Ansteckung haben müssen, gebe ich Ihnen das Kuvert besser nicht in die Hand. Es ist für die Bedürftigen, die am geschlossenen Tafelladen warten. Ihnen für Ihre Zeit und Geduld ein herzliches Vergelt's Gott!"

Ich folgte ihm auf die Straße und hörte eben noch, wie die Frau am „Auf Wiederse…" strauchelte.

Das Interview

Zurück im Café war unser Tisch noch frei, dafür mein Aufatmen hinter der Maske sehr eingeschränkt. Ich setzte mich an die Stirnseite.

„Gut so", lobte mich Gott. „So bekommen wir keinen Ärger. – Wo waren wir stehen geblieben, ehe wir in die Kirche gingen?"

Ich löste die Bänder hinter meinen Ohren. „Wie ich Sie nennen darf. Gott, ja das scheint zu stimmen. Oder ist ‚Herr Gott' besser? Aber, das klingt so, so …" Ich rang nach Worten „… antiquiert."

„Die Menschen haben sich viele Namen für mich ausgedacht. Suchen Sie sich ruhig einen aus!"

„Egal, welchen?"

„Der Name spielt doch keine Rolle. Wenn Sie wirklich Gott meinen – das heißt, wenn Sie mich lieben und respektieren und mich nicht fürchten – dann fühle ich mich angesprochen."

„Sicher? Ist das nicht etwas zu allgemein? Sollte man da nicht differenzieren? Sonst könnte doch jeder Gott gemeint sein."

„Ich bin jeder Gott."

„Sie sind jeder Gott?"

„Bin ich. Ich bin das Licht und das Leben und die Liebe. Ich bin das Göttliche. Ich bin in allem – aber ich bin nicht alles."

„Moment, jetzt wird's kompliziert. Dabei habe ich doch nur nach dem richtigen Namen gefragt."

„Gott", wiederholte er.

„Und das Licht und das Leben, die Liebe und das Göttliche, in allem, aber nicht alles … In diesem Moment sehe ich Gott aber als eine Person."

Gott lachte erheitert auf: „Ich bin hier nur deshalb Person, um meinen Cappuccino genießen zu können. Und natürlich auch, um nicht zu irritieren. Stellen Sie sich mal vor, ich wäre in diesem Moment kein Mann mit langen Haaren, sondern – wie sonst – in allem. Die armen Gäste hier bekämen den ersten Schreck, wenn auf einmal eine Stimme einen Cappuccino bestellt und direkt den nächsten, wenn die Tasse nach oben schwebt, leicht kippt und zuletzt wieder zurück auf die Untertasse sinkt!

Was dann hier los wäre! Nein, manchmal ist es klüger, als Person zu erscheinen. Die Show mit der schwebenden Tasse überlasse ich den Zauberkünstlern."

Das leuchtete mir ein.

„Wenn der Körper für mich schon so unwichtig ist, werden Sie verstehen, dass es ein Name noch viel weniger ist."

„Aber es scheint Ihnen wichtig zu sein, als ‚Herr' aufzutreten! Eine Frau Gott gibt es wohl nicht?"

„Für den Moment liegen Sie absolut richtig. Sie selbst beten ja schließlich auch: ‚Vater unser im Himmel'. Was soll ich da machen? Väter sind nun mal männlichen Geschlechts. Weil ich aber, wie gesagt, in allem bin, bin ich auch in der Frau, in der Mutter. Ganz ehrlich: Mann, Frau, welcher Name … wegen solcher Nebensächlichkeiten müssen Sie sich keine Gedanken machen. Kommen wir doch endlich zu Ihren Fragen und zur Sache."

„Ich bin bei der Sache, denn schließlich wurden und werden in Gottes Namen und wegen Gottes Namen Kriege geführt. Wegen dieses Namens sprengen sich Menschen in die Luft und reißen Unbeteiligte mit in den Tod!"

„Sie sprechen von Fanatikern?"

„Genau, deren wörtliche Bedeutung ‚von Gott inspiriert' ist."

„,Wörtliche Bedeutung'", er sah mich leicht tadelnd an. „Mir liegt es fern, Menschen zu unsinnigen Handlungen zu inspirieren! Meine Inspiration heißt Leben und Liebe. Dafür habe ich einst die Zehn Gebote verfasst. Zehn Empfehlungen für ein angstfreies und friedliches Miteinander. Gebote, nicht Verbote oder etwa Befehle. Gebote, freundliche Hinweise. Hinweise oder Botschaften für Frieden und Zufriedenheit auf der Welt.

Ich möchte Frieden auf der Welt haben. Nur, dass meine Gebote nicht immer angenommen werden. Inzwischen ist es auch so, dass die Menschen mich, was die Gebote anbelangt, sogar weit überbieten. Haben Sie eine Ahnung, wie viele Gebote, Gesetze, Verordnungen und Erlasse die Menschen aus meinen Zehn Geboten gemacht haben? Wie viel Unsinn davon mein

Wille sein soll? Und was alles zu meinem Wohl-gefallen getan werden muss? Dabei bin ich, also Gott, nicht kompliziert. Mein Sohn hat es doch so einfach gesagt: ‚Liebe deinen Nächsten wie dich selbst!' Da ich auch Sie liebe und Ihnen den-selben Genuss wie mir gönnen möchte, bestelle ich endlich den Cappuccino."

„Aber sehr gerne." Er musste nicht allwissend sein, um zu ahnen, dass ich so langsam etwas Koffein gebrauchen konnte.

„Wissen Sie, wegen dieses Cappuccinos habe ich mich hier mit Ihnen verabredet. Er hat den besten Milchschaum der Welt und wird vom freundlichsten Kellner serviert."

Ja, dann bin ich mal gespannt. Ich warf Gott ei-nen verdeckten Blick zu. Mein Gott, personifi-ziert oder nicht, ich hatte ihn mir wirklich viel älter vorgestellt. Zum einen, weil er ja unendlich weise ist, und dazu muss man einfach älter sein. Zum anderen, weil das Erschaffen der Welt schon viele Tausend Jahre her ist – und dann schaue ich in ein so jugendliches Gesicht mit so, ja, freund-lichen, gütigen und fröhlichen Augen. Augen so strahlend wie der blaue Himmel an jenem Sonn-tag im Mai, als ich so richtig verliebt gewesen war!

„Sie fragen ja gar nichts mehr", sagte Gott, während wir darauf warteten, dass der freundlichste Kellner der ganzen Welt meinen Cappuccino brachte.

„Ich bin erstaunt", antwortete ich.

„Über mich?"

„Ja."

Gott lächelte: „Das kommt vor."

„Ich hatte mir Gott älter vorgestellt."

„Auch das ist üblich. Sehen Sie, als Gott bin ich viel in Bewegung. Denken Sie nur an die ganzen Gebete, um deren Erfüllung ich mich zu kümmern habe. Ich nehme regen Anteil am Leben. Das hält mich jung."

„Haben Sie etwas dagegen, wenn ich jetzt mein Smartphone einschalte, um unser Gespräch aufzunehmen?"

„Mir wäre es lieber, wenn nicht ein Gerät, sondern Sie meine Worte aufnehmen würden. Mit dem Herzen, meine ich. – Haben Sie keinen Block und Bleistift dabei?"

Ich kramte meinen Notizblock und einen Kuli aus der Tasche.

Das war schon ein eigenartiges Gefühl. Gott hatte per Handzeichen einen Cappuccino für mich bestellt ... einfach so, als sei es die selbst-

verständlichste Sache der Welt. Wenn ich dagegen an meine komplizierten Bitten und Gebete dachte, wenn ich etwas von ihm wollte, quasi für mich etwas bei ihm bestellte … bei denen ich jedes Mal um die passende Anrede gerungen hatte und um den richtigen Zeitpunkt für das Amen …

„Für mich ist der Umgang mit Gott kompliziert und Gott selbst auch. Sie sind das Licht und das Leben, das kann ich noch verstehen. Aber der Teil mit ‚Ich bin in allem, aber ich bin nicht alles‘. Das widerspricht sich doch! Wenn man in allem ist, dann ist man auch alles.“

„Dann sage ich Ihnen jetzt mal, was ich nicht bin: Ich bin nicht die Grausamkeit, die Gier, das Töten, der Hass. Also ‚Alles‘ bin ich gewiss nicht.

Bleiben wir bei Ihrem Beispiel mit den Fanatikern. Denken Sie einmal an einen Selbstmordattentäter, der mit seiner Bombe sich und andere in den Tod reißt. Ich bin natürlich auch in diesem Menschen, eben weil es ein Mensch ist. Sie wissen schon, einer von der Spezies, die ich erschaffen und mit göttlichem Odem beseelt habe. Deshalb bin ich aber kein Selbstmordattentäter! Ich bin nicht der Teil seines Denkens und Handelns, der zum Tod führt. Nichts liegt mir ferner, als zu töten! Obwohl ich wiederum Teil der Bombe bin.

Ich bin im Sprengstoff, in den Metallteilchen, weil ich nun einmal in allem bin. Auch weil ich den Menschen den Verstand gab, diese Dinge zu erfinden, um sich das Leben leichter zu machen. Nicht, um damit zu töten und alles niederzubrennen."

„Aber Sie tun nichts gegen diesen Terroristen oder Fanatiker. Sie verhindern seine Tat nicht!"

„Ich habe allen Menschen einen freien Willen gegeben, die Eigenverantwortung, das Gewissen und die Zehn Gebote – diesem Menschen auch!"

Ich spürte meine Emotionen hochkochen. Es sah gerade so aus, als ob Gott mich einfach nicht verstehen konnte oder wollte! „Das reicht nicht! Sie sollten so eine Tat verhindern oder derart bestrafen, dass kein Mensch so etwas wiederholt."

„Habe ich alles gemacht. Ehe mein Sohn auf diese Welt kam, geschah Gottes Rache mit Schwert und Feuer. Er schickte Plagen und Tod zu denjenigen, die sich seinen Befehlen widersetzten, ihnen, ihren Kindern und Kindeskindern. Möchten Sie wirklich, dass ich es wieder so handhabe, Julia? Ich für meinen Teil möchte nicht dahin zurück."

In diesem Augenblick war ich froh, dass der Kellner eine Tasse Cappuccino vor mich auf den Tisch stellte.

Und es war wirklich der beste Milchschaum darauf, den ich je gesehen und probiert hatte. Das Herz aus Kakaopulver zerfloss auf meinem Löffelchen.

Der Kellner war um die sechzig Jahre alt, bewegte sich schwerfällig und hatte eine dicke Brille auf der Nase.

„Signorina", sagte er etwas verwaschen mit leicht italienischem Akzent und lächelte mir zu.

Dieses Lächeln … dieses heitere, angenehme, warme Lächeln seiner Augen.

„Grazie", lächelte ich zurück.

„Sehen Sie, das habe ich gemeint. Dieses Lächeln zum Cappuccino bringt alle Gäste zum Strahlen", erklärte mir Gott.

Wir schauten beide dem Kellner nach, und ich entdeckte hinter jedem seiner Ohren ein Hörgerät.

Nicht so ganz bei der Sache nahm ich den kleinen Keks vom Unterteller.

„Sie mögen es süß", stellte Gott fest und hielt mir seine Tasse samt Untertasse hin. „Dann können Sie gerne auch meinen Keks haben. Süß ist nicht so mein Ding. Es überdeckt zu oft den wirklichen Geschmack – manchmal auch die Geschmacklosigkeit."

„Nun", ich musste erst schlucken, „ich wollte nicht über Süßigkeiten sprechen. Ich möchte von Gott wissen, warum er immer noch Kriege zulässt."

„Ich lasse Kriege zu? Wie kommen Sie denn darauf?" Gott war sichtlich überrascht. So wie es aussah, machte ich doch einen guten Job. Mein hartes Studium an der Journalistenschule zahlte sich aus.

„Wenn ich in die Medien schaue, dann gibt es dort neben Tratsch doch nur Krieg, Gräueltaten und Leid!"

„Ja, das Leid. Wie viel Leid könnte den Menschen erspart bleiben, wenn sie mehr auf meinen Rat und meine Empfehlungen achten würden. Eines meiner Gebote lautet: ‚Du sollst nicht töten.'"

„Aber das genügt nicht. Irgendeiner fängt aus Gier, Not, Verzweiflung, Neid – aus welchem Grund auch immer – einen Krieg an. Und Gott verhindert es nicht!"

„Wenn Sie wissen wollen, warum es Kriege gibt, dann müssen Sie die Menschen befragen. Ich kann Ihnen nur sagen, wie es keinen Krieg gibt. Auch wenn ich mich wiederhole: Der Mensch wurde von mir als freies Individuum erschaffen, mit Verstand und Gefühl, und ich habe ihm Richtlinien gegeben. Er braucht meine Gaben nur zu benutzen."

„So einfach ist das in der Regel aber nicht …"

„Ich habe auch nicht gesagt, dass es in der Regel einfach ist."

„Es ist nie einfach."

„Könnte es aber sein."

„Wie denn?"

„Ich biete allen Menschen meine Hilfe an."

„Diese Hilfe anzunehmen ist aber auch nicht einfach."

„Es ist wirklich einfach! Nicht zweifach und nicht dreifach und dabei noch kostenlos."

„Gott, Sie machen sich über mich lustig!"

„Leider nicht. Für mich ist das Verhalten der Menschen absolut nicht lustig. Ich habe ihnen eine schöne, gut organisierte Welt erschaffen, und die Menschen setzen alles daran, sie kaputt zu machen. Mein Sohn ist auf diese Welt gekommen, um ihnen Liebe zu schenken, um sie aus der Angst, der Schuld und dem Leid zu befreien. Er ist gekommen, um ihnen zu zeigen: Wenn dir jemand weh tut oder dich sogar ans Kreuz schlägt, dann muss das nicht das Ende sein. Nach jedem Tod, nach jedem vermeintlichen Ende, jedem Loslassen kommt ein neuer Anfang. Dies ist der Weg zu dir selbst, bis du schließlich ganz bei dir und in deiner göttlichen Kraft bist.

Mein Sohn hat so gelebt.

Er ist Seinen Weg gegangen, hat zu Sich gestanden. Er sagte: ‚Ich bin Gottes Sohn.' Er hat nicht einfach gesagt, Er sei Prediger und Heiler. Damit hätte Er sich nicht solchen Ärger eingehandelt.

Nein, vielmehr sagte Er ganz deutlich: ‚Ich bin Gottes Sohn.' Er hat an die göttliche Kraft in sich geglaubt. Seine Geschichte kennt heute nahezu die ganze Welt. An die zwei Milliarden Menschen auf der Erde wissen um Seine Lehre und nennen sich sogar nach Ihm. Sie verbreiten Seine Lehre, beten zu Ihm, bauen Ihm Kathedralen, singen Ihm Lieder.

Aber nur wenige leben nach Seiner Botschaft. Nur sehr wenige übergeben Ihm ihre Last, ihre Not und Trauer. Sie vertrauen weder Ihm noch mir." Er machte eine Pause und sah mich direkt an. „Wie sieht es bei Ihnen aus? Überlassen Sie Ihm Ihr Leben oder regeln Sie alles selbst?"

„Ich, also, ich habe einen verantwortungsvollen Beruf, und da regle ich schon lieber alles selber."

„Sehen Sie, auch Sie trauen meinem Sohn und mir nicht zu, dass wir das können. Sie strampeln sich ab, anstatt uns einfach machen zu lassen."

„Wenn alle Menschen untätig auf Ihre Hilfe warteten, dann gäbe es nur Chaos! Ein Arzt muss operieren, wenn ein Notfall auf dem OP-Tisch liegt. Da reicht es nicht, zu beten."

„Sicher. Der Arzt operiert. Aber wer führt wohl seine Hand?"

„Er hat es studiert."

„Und wer hat ihm das Wissen dazu gegeben?"

„Die Professoren an der Uni."

„Und woher haben die ihr Wissen?"

„Wieder von ihren Professoren …"

„Und irgendwann führt der Weg zu mir, denn ich stelle mein Wissen allen zur Verfügung. Anders gesagt: Alles Wissen kommt von Gott."

„Aber ich, zum Beispiel, ich wurde nicht allwissend geboren. Ich musste studieren, um meinen Beruf ausüben zu können. Und das Wissen um Gerechtigkeit und das, was im Leben richtig ist und glücklich macht, das habe ich weder in der Schule noch im Religionsunterricht gelernt."

„Ich fürchte, Sie haben für dieses Gespräch nicht besonders gut recherchiert", warf Gott ein. „Es steht geschrieben: ‚Gott schuf den Menschen ihm zum Bilde. Zum Bilde Gottes schuf er ihn.' Jeder Mensch hat mein göttliches Bild in sich und kann selbst entscheiden, wie weit er nach meinem Bilde leben möchte.

Leider nehmen sich die wenigsten Menschen Zeit, meine Gaben zu erkennen, anzunehmen und sie einzusetzen. Sie wissen nichts von dieser enormen Kraft in sich. Und sie schwanken oft ein Leben lang, ob sie nach meinem Vorbild leben wollen oder nicht. So wie ein Kind, das sich nicht entscheiden kann, ob es wie sein Vater sein oder einen anderen Weg gehen möchte.

Da sich die Menschen so schwer damit taten, wollte ich es ihnen einfacher machen. Deshalb hat mein Sohn alle Gebote in diesem einen Satz zusammengefasst: ‚Liebe deinen Nächsten wie dich selbst.' Nicht mehr – aber auch nicht weniger! Wie sehr lieben Sie eigentlich sich selbst, Julia?"

„Wie sehr ich mich liebe? Keine Ahnung ... hm, manchmal gar nicht ..."

„Meine Liebe, Sie wissen nicht, ob Sie sich lieben? Darüber sollten Sie wirklich nachdenken! Das ist eine sehr wichtige Frage." Gott schüttelte den Kopf. „Aber Sie wissen, dass Sie sich manchmal *nicht* lieben. Warum lieben Sie sich manchmal nicht?"

„Ich bin kein Engel. Ab und zu sage oder mache ich einfach Dinge, die ich besser nicht getan oder gesagt hätte. Dann kann ich mich absolut nicht lieben."

„Nun, ich sagte: Liebe deinen Nächsten wie dich selbst. Oder andersherum: Liebe dich wie deinen Nächsten. Wenn Sie etwas Dummes gesagt oder gemacht haben, dann können Sie das doch wieder in Ordnung bringen. Was hindert Sie daran, sich danach selbst zu verzeihen? Wenn Sie das können, können Sie auch jedem anderen vergeben."

„Das ist nicht einfach – das mit den anderen … und erst recht nicht mit mir."

„Es wäre einfach, wenn alle Menschen mit Herz und Verstand handeln würden. Wenn sie auf ihre Fähigkeit vertrauen würden, einerseits zu handeln, wenn Handeln angesagt ist, und andererseits alles an Gott abzugeben, wenn Abgeben angesagt ist. Wenn jeder Mensch in Verantwortung für sein Leben, für das der anderen und in der Verantwortung für die Welt handeln würde, ja, dann wäre es ganz einfach. Das Wichtigste: Liebe dich selbst – denn erst dann kannst du deine Mitmenschen, die Tiere, die Pflanzen, den Himmel und alles andere lieben. Wenn du dich selbst liebst, dann weißt du, wie sich Liebe anfühlt. Du spürst, wie es ist, Liebe zu empfinden, zu geben und zu erhalten. Wenn du dein Leben in dieser Verantwortung liebevoll lebst, dann gibt es immer weniger, was du dir verzeihen musst. Dann bist du einfach besser drauf. Im Umkehrschluss bedeutet es, dass du die Menschen um dich herum in Ruhe und Freiheit leben lässt. – Dies ist der Weg zum Frieden. Dies ist der Frieden."

„Das funktioniert aber nur, wenn alle Menschen das Gleiche tun", gab ich zu bedenken.

„Genau das ist mein Ziel. Alle Menschen. Ich bin heute hier, um wieder einmal zu sagen, dass es mir noch zu wenige sind, die so leben. Julia, was hindert Sie, damit anzufangen?"

„Womit anzufangen? Mit: ‚Du sollst deinen Nächsten lieben wie dich selbst!'?"

„So ist es. Nimm dich an, wie du bist! Sei zufrieden mit dem, was du hast!"

„Das bedeutet Stillstand."

„Es bedeutet Leben. Leben im Hier und Jetzt – in Freude und Ruhe."

„Es bedeutet aber auch, dass ich nicht weiterkomme. Ich akzeptiere meine Mängel. Damit bleibt alles mangelhaft, und ich leide."

„Es gibt Menschen, die akzeptieren ihre Plattfüße und legen sich Einlagen in die Schuhe, um nicht zu leiden. Sie akzeptieren ihr schlechtes Gehör und tragen ein Hörgerät, um nicht mangelhaft zu sein. Sie akzeptieren sogar, dass sie zu all dem auch noch fast nichts sehen, tragen eine starke Brille und schaffen es … "

„… als Kellner zu arbeiten und dabei strahlende Augen zu haben. Puhhh."

Ich lehnte mich zurück und ließ die angenehme Wärme des Cappuccinos durch meinen Körper strömen.

„Spüren Sie sie?", fragte Gott.

„Ihn. Den Cappuccino."

„Sie. Die Liebe, die warm ums Herz werden lässt."

„Die Liebe? Was hat die Liebe mit diesem Cappuccino zu tun? Ja, er wird von einem sehr netten Kellner serviert. Das ist aber sicher nicht der ideale Beruf für einen, der schlecht zu Fuß ist, schlecht hört und schlecht sieht! Ich kann mir nicht vorstellen, dass er seine Tätigkeit liebt."

„Es ist sein Traumberuf."

„Sein Traumberuf? Warum um Gottes Willen?"

„Weil er sich dabei wohlfühlt und das tun kann, was er mag: Er bringt den Genuss der kleinen Dinge in den Alltag. Mit einem Lächeln, auf das die Menschen warten, und mit Augen, die den anderen wahrnehmen und annehmen."

„Jeden anderen?"

„Jeden, Sie und mich. Schauen Sie, er weiß nicht, dass ich Gott bin. Für ihn bin ich ein nicht mehr ganz junger Mann mit langen Haaren. Und er schenkt mir dieses Lächeln jedes Mal, wenn ich komme. Obwohl er nicht viel an mir verdient, weil ich immer nur einen einzigen Cappuccino trinke."

Ich schwieg einen Augenblick lang und stellte dann fest: „Wir sind vom Thema abgekommen. Warum gibt es immer noch Kriege und Leid?"

Gott lächelte: „Weil es noch zu wenige Menschen wie Leonardo gibt. Schreiben Sie das in Ihrem Artikel! Erzählen Sie den Menschen von Leonardo, dem Kellner mit den Plattfüßen, der dicken Brille und den Hörgeräten. Schreiben Sie von seinen strahlenden Augen, von einem Menschen, der trotz aller Handicaps jeden Abend dankbar zu Bett geht. Schreiben Sie ‚Dankbarkeit'! Das ist es."

„‚Dankbar' …", ereiferte ich mich. „Er hat auch guten Grund dazu. Er lebt hier in Frieden und Wohlstand. Doch was ist mit den vielen Menschen, die jeden Abend hungrig zu Bett gehen müssen? Warum? Warum müssen Frauen und Männer, sogar Kinder den Hungertod sterben?"

Gott schaute auf seine fast leere Tasse Cappuccino und dann auf mich.

„Das fragen Sie ausgerechnet mich? Habe ich nicht eine Welt geschaffen mit einer wahrhaft göttlichen Natur? Mit Korn, das auf den weiten Feldern gedeiht? Mit Bäumen, auf denen Obst, Nüsse und Oliven wachsen. Mit Sträuchern, voll von Beeren. Mit Kräutern, Gemüse, Pilzen, Milch, Eiern und Honig – und wenn das nicht reicht, mit genug Puten, Enten, Hühnern, Fischen, Muscheln, Rindern, Schafen …"

„Doch, doch, aber das alles ist ungleich verteilt. Die einen haben so gut wie nichts und verhungern. Die anderen leben im Überfluss."

„Und werfen Lebensmittel weg. Die Mittel, die ein Leben angenehm machen, die wandern in den Müll, während auf derselben Welt Kinder kaum etwas zu essen haben. Und Sie fragen Gott, warum er das so gemacht hat?" Er machte eine Pause. „Gott hat das nicht so erschaffen. Ich habe auf der Erde für alle genug bereitgestellt. Aber wenn die Gier nach immer mehr ins Spiel kommt, dann ist das Gleichgewicht, das ich schuf, dahin. Dann werden die einen vor Hunger krank und sterben, während die anderen sich krank essen und am Übergewicht zugrunde gehen.

Damit nicht genug: Sie werfen das Mittel zum Leben weg und beklagen die hohen Müllgebühren und die Sinnlosigkeit des Lebens.

Dies – so können Sie schreiben – ist keine Erfindung Gottes, das hat sich der Mensch ausgedacht. Und das macht mich unendlich traurig. Ich schicke immer mehr Zeichen, damit die Menschen aufwachen sollen, aber sie verstehen die Zeichen nicht. Sie nehmen und raffen und sagen: ‚Nach mir die Sintflut!' Dabei vergessen sie sogar, dass sie Kinder haben. Dass sie dabei sind, eine Welt zu vernichten, die sie für ihre Kinder hegen und pflegen sollten. So lautete schließlich mein Auftrag."

„Es sind nicht immer die Menschen", versuchte ich meine Spezies zu verteidigen. „Gott schickt Unwetter, Vulkanausbrüche, Dürre …"

„Die Zeichen! Meine Liebe oder, wenn Sie wollen, das Rasseln des Weckers, das aufwecken soll!"

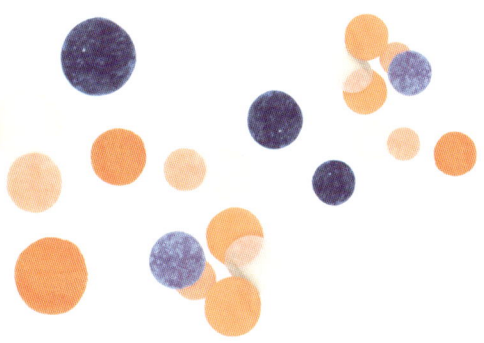

Gott schwieg einen Augenblick lang. „Die Zeichen, die darauf hinweisen, dass das Gleichgewicht meiner Schöpfung bereits gestört ist, durch die Gier, den Raubbau und die Machtkämpfe. Die weiten Wälder Südamerikas heißen Regenwald, weil sie für das Gleichgewicht im Wasserhaushalt der Erde wichtig sind. Dennoch wird dieser Regenwald abgeholzt … und Sie sprechen dann wieder von Dürre und Stürmen, die ich angeblich schicke. Die Unwetter und die

heftigen Regenfälle sind die Tränen und die Wut der verbrannten Bäume. Der staubtrockene Boden ist der Preis für das Super-Sonderangebot beim Discounter, für die Schale aus tropischem Holz für 99 Cent, die bei Nichtgefallen weggeworfen wird, im Müllheizwerk verbrannt und so die Ozonschicht der Erde empfindlich schwächt. Auch diese hatte ich damals besser konstruiert, als ich sie heute vorfinde."

„Zum Glück haben die Politiker das inzwischen begriffen und suchen nach Lösungen."

„Etwas spät", gab Gott zu bedenken.

„Das stimmt. Aber ganz so einfach haben Sie es den Menschen von Anfang an nicht gemacht mit Ihrer Schöpfung und der Aufgabe, für das eigene Leben zu sorgen. Vielleicht sogar noch für das einer ganzen Familie." In diesem Augenblick war ich stolz darauf, am Religionsunterricht in der Schule teilgenommen zu haben, denn nun konnte ich mit einem Zitat aus der Bibel punkten.

„Es ist doch göttlicher Wille, wenn in der Bibel steht: ‚Im Schweiße deines Angesichts sollst du dein Brot essen …'"

„‚Sollst'", stellte er richtig, „steht da geschrieben, nicht ‚musst'. Es gibt die Möglichkeit, den Verstand zu bemühen, um Erleichterung zu finden. Das ist den Menschen auch wunderbar gelungen: zuerst der Pflug und dann die ganzen landwirtschaftlichen Maschinen und Geräte. Gute Erfindungen hat der Mensch gemacht, wirklich. Doch wurde er damit glücklicher?!"

Gottes Augen musterten mich. Ich war über diesen Blick überrascht. Dann nickte er und meinte: „Noch ein Wort zum Schweiß. Wie ich sehen kann, tun Sie etwas für Ihre Gesundheit und Ihr gutes Aussehen." Er lächelte. „Das dürfen Sie als Kompliment auffassen."

„Ich gehe mindestens zwei Mal in der Woche ins Fitnessstudio. Also, wenn es denn nicht gerade geschlossen ist. Die Zeit muss ich mir nehmen. Sonst roste ich ein und gehe auseinander!"

„Das ist eine wirklich gute Entscheidung! Sie übernehmen die Verantwortung für den Körper, der Ihnen geschenkt wurde. Sagen Sie, schwitzen Sie da nicht?"

„Doch, und wie. Warum?"

„Ja, stört Sie das nicht, Julia? Der Schweiß?"

„Nein, das ist nun mal so, wenn ich richtig trainiere. Es ist ja auch gesund."

„Da haben Sie Ihre Antwort: Wenn man etwas erreichen will, dann sollte man auch etwas dafür tun. Und das kann schweißtreibend sein. Aber es gibt das Bewusstsein, etwas Wichtiges gemacht oder auch vollbracht zu haben."

„Gott, mit dieser Antwort kann ich nicht zufrieden sein. Ja, sich regen bringt Segen. Das stimmt. Es gibt aber noch eine ganz andere Seite. Das Gegenteil vom gepflegten Fitnessstudio mit Geräten und Duschen und mit einer Bar für Powershakes: Die Trostlosigkeit der Slums, der

Schweiß auf der Stirn des armen Bauern und seiner Kinder, die in Afrika versuchen, dem staubtrockenen Boden ein paar Grashalme abzugewinnen. Der Schweiß auf der Stirn eines jungen Mädchens in Indien, das vor ihrem Vergewaltiger flieht! Warum wurde ich in einem Land geboren, das seit über siebzig Jahren in Frieden lebt, warum lebe ich in Wohlstand und das Mädchen in Indien in bitterer Armut und Unsicherheit?"

Gott schaute mich ernst an: „Sie hadern mit ihrem Schicksal, hier zu leben?"

„Oh Gott, nein. Ich frage Sie, warum ich hier leben darf und nicht dort leben muss."

„Sie könnten tauschen", bot Gott an.

„Bestimmt nicht! Ich frage mich nur, warum ich hier geboren wurde."

„Julia, ich hätte erwartet, dass Sie glücklich sind, hier in Frieden und Wohlstand leben zu dürfen. Oder wenigstens so froh, dass Sie die Dankbarkeit, die Zufriedenheit oder auch nur den Respekt Ihrem Schöpfer gegenüber mit den Menschen in Ihrem Umfeld teilen."

Ich spürte, wie der Ärger in mir hochstieg: „Darum geht es jetzt doch wirklich nicht! Ich frage Sie, Gott, warum Sie solche Ungerechtigkeiten und Missstände dulden und nichts dagegen tun. Alle Ihre Antworten laufen jedoch auf die Verantwortlichkeit der Menschen hinaus."

„Das ist meine Antwort: Sie leben Ihre Lebensspanne hier in der so genannten ‚Ersten Welt', haben einen guten Job und verdienen genug, um etwas gegen all das Unrecht, das Sie mir vorwerfen, zu tun."

„Ich? Warum ich? Ich bin nicht Gott, und ich habe diese Ungerechtigkeit nicht erschaffen."

„Aber Sie tragen im wahrsten Sinn des Wortes dazu bei. Ihre Jacke stammt aus solch einem Land der Missstände. Wissen Sie, warum sie günstiger war als Jacken, die hier in Ihrem Land hergestellt werden? Weil die Menschen dort für jeden Hungerlohn arbeiten, um eben nicht vor Hunger zu sterben."

„Eine Jacke! Die kann nicht ausschlaggebend sein."

„Doch, denn es gibt nicht nur eine Jacke. Fast alle Jacken werden in ‚Billigländern' gefertigt. Wenn niemand diese mehr kaufen würde, gäbe es weniger Jacken, weniger Müll, weniger Ungerechtigkeit. Diese ‚billigen' Jacken sind ihren Preis nicht wert. Der Preis, den Sie tatsächlich dafür bezahlen, ist zu hoch. Für die Herstellung wird das Land mit Pestiziden verseucht und die Luft und das Wasser verschmutzt! Die Menschen in den ‚Billigländern' leben ein elendes Leben, und diejenigen, die die Jacken kaufen, verlieren ihre Lebensfreude, weil sie sich Gedanken und Sorgen über die Ungerechtigkeit Gottes machen."

Jetzt war ich doch betroffen. Aber alles in mir wehrte sich, an dieser Ungerechtigkeit der Welt mitschuldig zu sein.

„An den Vergewaltigungen in Indien geben Sie mir nicht auch noch die Schuld!?", konterte ich.

„Ich gebe niemandem die Schuld. Ich rege an, ja, ich fordere, dass die Menschen auf ihr Gefühl, oder soll ich sagen, auf ihre innere Stimme hören und ihren Verstand gebrauchen und entsprechend handeln. Damit sind wir wieder bei den Geboten angekommen. Oder bei der Empfehlung: Liebe deinen Nächsten wie dich selbst. Weder die Gebote, noch die Empfehlung lassen so etwas Schreckliches zu. Ich habe nie gesagt, dass Männer wertvoller sind als Frauen. Ich habe

nie gefordert, Mädchen nach der Geburt zu töten. Ist das natürliche Gleichgewicht erst einmal
gestört, dann gerät alles außer Kontrolle, und
die fatalen Folgen wirft man dann mir vor."

„Es macht mich trotzdem wahnsinnig", be-
harrte ich, „da ist der mächtige Gott im Himmel
und hier der schwache oder auch fehlgeleitete
Mensch, der seinen Job auf Erden nicht packt.
Einer schiebt dem anderen die Verantwortung
zu, und wenn es noch lange so weiter geht, ist
von der gut durchdachten Schöpfung bald nichts
mehr übrig."

„Julia, darum treffe ich mich doch mit Ihnen.
Es geht um Verantwortung und den Umgang mit
der Verantwortung. Wenn Sie, Julia, die Verantwortung für etwas übernehmen, dann nehmen
Sie ‚etwas an', in Ihrem Fall zum Beispiel Ihren
Körper. Für dessen Wohlergehen entwickeln Sie
ein Konzept: dass Sie ins Fitnessstudio gehen.
Und dann setzen Sie dieses um. Sie gehen regel-
mäßig zum Training. So sollte es bei all diesen
Belangen gehen, wo der Mensch Gott die Verantwortung gibt und Gott sie zurückweist. Auch
hier sollte beim Menschen das Erkennen und Annehmen an erster Stelle stehen, dann das Erstel-
len eines Konzeptes – und da kann dann ich wie-

der ins Spiel kommen. Wenn der Mensch meine Hilfe erbittet, kann ich ihm bei der Erstellung und Umsetzung helfen. Dann sind wir Partner mit demselben Ziel und unterstützen uns gegenseitig, So wird meine Schöpfung zu einer lebenswerten Schöpfung der Menschen. – Sie werden über unser Gespräch schreiben und damit einen Denkprozess auslösen.

Auch in Indien tun Menschen etwas gegen die Missstände. Aber weil ich nicht agiere, sondern delegiere und nur helfe, weil ich es Menschen tun lasse, dauert es länger, bis etwas geschieht. Es ist einfach wichtig, dass eine Sache von der ,Verursacherseite' – den Menschen – geregelt und nicht von einer höheren Macht erzwungen wird. Zwang weckt Widerstand, und der Teufelskreis würde von Neuem beginnen."

„Teufel aber auch, immer wieder Zwang und Druck… oh, sorry, großer Gott", ich unterbrach mein Fluchen. „Und jetzt haben wir auch noch COVID-19 am Hals! Oder in der Lunge oder wo auch immer. Ganz im Ernst, haben Sie uns das Virus geschickt? Eine Krankheit als Strafe für das Nichtbefolgen Ihrer Gebote?"

„Nein. Krankheit ist keine Strafe, sondern eine Hilfe."

„Wie bitte?" Ich war entsetzt.

„Es ist etwas schiefgelaufen, wenn der Mensch krank wird. Vielleicht hat er seinen Körper überfordert. Vielleicht trägt seine Seele eine bittere Last und hält das nicht mehr aus. Dann meldet sich der Körper und ruft nach Entlastung, nach Hilfe, nach Rücksicht. Und bei den ersten Anzeichen hat der Mensch gute Chancen, sich wieder gesund zu machen."

Ich erklärte Gott, dass ich nicht an Parodontose dachte, sondern an eine Pandemie, die Menschenleben dahinrafft, das soziale Miteinander beeinträchtigt, die Industrie in die Knie zwingt, den ganzen Schwung, den Spaß und die Sicherheit aus dem Leben nimmt.

„Das ergibt doch keinen göttlichen Sinn."

„Göttlichen Sinn hat es auch nicht ergeben,

dass sich die Menschen seit zig Jahren eine Umkehr wünschen, ein Ende der Schnelllebigkeit, der Überforderung, der zu vielen Verpflichtungen, des zu starken Verkehrs auf den Straßen, am Himmel, im Wasser und auf den Schienen. Dem immer höher, weiter, schneller, mehr. Das krank macht und Opfer fordert. Das keine Zeit mehr für sich oder die Familie lässt."

Ich verstand den Zusammenhang nicht.

„Julia, es kamen so viele verzweifelte Bitten und Gebete. So viele Menschen hatten und haben Angst vor der Zukunft, wollten raus aus dem Hamsterrad, und fast alle sind geblieben und haben weitergemacht. Und nun kommt das Virus und erledigt ihre Aufgabe. Es hält das Rad für einen Moment an, damit der Mensch aussteigen und schauen kann, wie es ihm ohne so vieles geht. Es macht genau das, was Sie tun, wenn Sie nervös und gestresst sind, weil Ihr Rechner nicht mehr funktioniert. Es fährt alles runter. Die Menschen haben nun die Chance, die Richtung des Weges nach dem Neustart zu bestimmen. Und dafür haben sie – ich wiederhole mich – von mir Verstand, Gefühl und Intuition erhalten. Es geht nur noch darum, dass sie diese Gaben richtig einsetzen."

„Ein Neustart … gut, das sollten Sie dann auch so kommunizieren, damit die Menschheit wieder Vertrauen hat."

„Die Menschheit weiß es doch. Sie hat das Virus so benannt: COVID-19. Nicht nur die Buchstaben haben Bedeutung, auch die Zahlen: 1 bedeutet Anfang. 9 bedeutet vor der Vollendung. 1 und 9 gibt 10, die Vollendung. Und die Quersumme von 10 wieder 1. Und da stehen Sie jetzt, am Neuanfang. Julia, Sie haben das Glück, mitgestalten zu dürfen und zu können!"

„Ich sehe momentan eher viel Chaos und wenig Aussicht auf Besserung. Aber gut, ich werde mitgestalten. Nur fehlt mir dazu momentan neben meinem Verstand und meinem Gefühl etwas sehr Wichtiges: Hoffnung. Gibt es Hoffnung auf eine glücklichere Zeit?"

„Ja."

„Ja? Warum kann das Gott den Menschen nicht klar und deutlich sagen? – Neuanfang, schön und gut, der ist aber voller Ungewissheit und auch Angst. Sagen Sie einfach noch etwas Schönes! Etwas, das uns bei all den Problemen der Welt, den Kriegen, dem Leid und dem Hunger ein klein wenig Hoffnung und Glück schenkt.

Allen Menschen, nicht nur den Privilegierten oder den gläubigen Christen. Einfach allen. – So eine Art Anleitung zum Glück."

Gott schüttelte seine Haarpracht. „Eine Anleitung zum Glück?"

„Ja, bitte. Ich finde, alle Menschen sollten ein Recht darauf haben, glücklich zu sein. Besonders jetzt, während einer Pandemie."

„Das stimmt. Nur kann ich da nichts machen, denn ich habe bereits alles getan. Ich habe alles erschaffen, was den Menschen glücklich machen kann. Was bedarf es denn Ihrer Meinung nach, um glücklich zu sein? Einen Hauptgewinn, einen Sechser im Lotto? Geld? Die große Liebe?"

Gott machte eine Pause.

„Ich meine ein anderes Glück", versuchte ich zu erklären. „Ich meine, einfach glücklich zu sein. Für einen Moment. Erfüllt sein, ein gutes Gefühl haben, sich freuen …"

„Zufrieden und dankbar zu sein. Sie sind auf dem richtigen Weg, Julia. Schauen Sie sich um auf diesem Weg! Ein einfaches Wort, ja, ein einzelner Blick kann glücklich machen. Aber nur denjenigen, der glücklich sein möchte. Wer sich ärgern will, den wird der gleiche Blick, dasselbe Wort verärgern. Denn jeder ist seines Glückes Schmied … oder besser gesagt: Jeder ist der ‚Denker oder Empfinder' seines Glücks. – Sie brauchen nicht unbedingt einen anderen Menschen, um glücklich zu sein. Fragen Sie sich einmal: Betrachte ich die wunderschönen Blumen im Garten und die weißen Schäfchenwolken am blauen Sommerhimmel? Höre ich die himmlischen Klänge der Musik – oder die fordernden, die aufrüttelnden? Spüre ich den Wind, der durch mein Haar streicht, der mich liebkost und mir Geheimnisse zuflüstert? Kann ich den Duft einer Rose oder einer Tasse Tee genießen? Ja? Dann haben Sie den Schlüssel zum Glück bereits gefunden. Denn alles, was glücklich machen kann, ist bereits vorhanden. Sie müssen es nur sehen – und darauf vertrauen, dass dieses Geschenk für Sie da ist und es wirklich schön und gut ist, dieses Glück zu empfinden. Vertrauen Sie Ihrem Gefühl, sich selber oder noch besser: mir. Dann können Sie diese Gaben annehmen und ihnen Zeit einräumen. – Wie zum Beispiel dem Licht in der Kirche oder dem Genuss von dieser Tasse Cappuccino."

Einen Augenblick lang waren wir beide still. Gedanken flogen nur so durch meinen Kopf. Irgendwo hat er ja recht, dachte ich. Wenn nur nicht alles so kompliziert wäre! Es ist mühsam und dauert zu lange, bis man dahinter steigt! Bis man ein Konzept erstellt und sich entschieden hat. Entschieden hat … wofür? – Oder bin ich einfach zu blöd?

Gott redete weiter: „Überlegen Sie einmal, Julia, wie viel Zeit investieren die Menschen in die Suche nach ihrem Glück? Wie viel Geld geben sie für Dinge aus, von denen sie erwarten, dass sie sie glücklich machen?

Dabei kostet weder der Glaube, noch die Liebe oder die Hoffnung auch nur einen Cent. Es reicht, zu glauben! Wer etwas mehr Service wünscht, die Informationen in Predigten und verschiedene Sonderleistungen in einer Gemeinschaft haben möchte, für den fällt allerdings Kirchensteuer an."

„Nur zu dumm, dass die Kirchen immer leerer werden und kaum mehr jemand hören möchte, was Gott zu sagen hat, oder einfach auch nicht versteht, was er meint."

„Aus diesem Grund habe ich dieses Interview organisiert. Dann lesen die Menschen im Artikel einer Frau, im Gegensatz zum Text des männlichen Gottes, über die Angelegenheiten, die dieser Frau wichtig sind. Wieder stellvertretend für viele Menschen."

„Das würde mich freuen. Doch viele Leser werden den Artikel einfach überblättern. Ich bin zwar Journalistin mit Leib und Seele, aber, Gott, ich finde, Sie sollten sich mehr der modernen Medien bedienen, um an die Menschen heranzukommen. ‚Wenn der Prophet nicht zum Berg kommt, muss eben der Berg zum Propheten kommen.' Der Ausspruch stammt doch aus Ihrem Buch. Es wäre ganz leicht: Sie haben eine tolle Erscheinung, eine angenehme Stimme, also gehen Sie – möglichst personifiziert – auf Instagram oder gründen Sie eine WhatsApp-Gruppe! Ehrlich, Sie sollten sich einfach besser verkaufen!"

„Verkaufen?"

„Ja, vielleicht mit Videos, Tweets, Voice-Mails, Likes und Followern."

„Follow me …?"

„Ja."

„Sie halten es für sinnvoll, wenn ich meine Zeit im Internet verbringe und nicht in der Realität?"

„Guter Gott, das Internet ist die Realität!" Ich legte meinen Stift zur Seite. „Oder wenigstens ist sie das für einen Großteil der Menschheit geworden."

Gott schaute mich erstaunt an.

„Ja, wissen Sie das nicht? Die neue Welt ist die virtuelle Welt."

„Die der Mensch erschaffen hat?"

„Ja."

„Ist diese Welt, denn wirklich so, wie er sie sich wünscht, wie er sich sein Leben wünscht?", fragte er.

„Ja."

„Ganz ohne Kriege, ohne Streit, ohne Kommerz …"

„Oh, Gott, Sie machen es mir schwer! Sicher gibt es im Internet Kriege, virtuelle, nicht reale!"

„Was der Mensch denkt, der einen virtuellen Krieg im Internet führt, ist sehr real!"

„Aber da stirbt niemand bei einem Angriff!"

„Nein, dort nicht … von da macht sich der Tod und das Elend erst auf den Weg", erwiderte er. Dann machte Gott erneut eine längere Pause und versuchte es anders: „Die Menschen sollten mehr auf ihre Gedanken achten, auf ihre Taten und auf ihre Gefühle. Wissen Sie noch, was Sie vorhin getrunken haben? Hat das Getränk Ihrem Geschmack entsprochen? Konnten Sie es genießen?"

Ich blickte überrascht auf.

„Das habe ich gemeint", fuhr er fort. „Es ist ein und derselbe Cappuccino. Ganz gleich, ob mir der Milchschaum auf der Zunge zerfließt, ob ich ihn genieße oder achtlos hinunterkippe. Es ist dasselbe Café und derselbe Kellner, derselbe Moment. Nur die Gedanken und die Gefühle dazu sind bei den Menschen unterschiedlich."

Ich hielt einen Moment inne. Tatsächlich, ich hatte den Cappuccino längst vergessen. Er war nun kein Heißgetränk mehr …

„Der Cappuccino war wirklich spitze." Ich löffelte langsam den Rest des Milchschaums aus der Tasse.

Gott lächelte. „Schön. Dann würde ich Ihnen gerne auch eine Frage stellen."

„Ja?"

„Was sehen Sie, wenn Sie raus auf die Straße schauen?"

„Autos, die einen Parkplatz suchen, andere, die zu schnell unterwegs sind, Menschen, die irgendwo hingehen. Eher hasten."

„In die Kirche?"

„Nein. Heim oder zum Einkaufen. Ihr Gotteshaus ist nicht nur wegen des Verbots in der Pandemie schlecht frequentiert.

Es wird dauern, bis da mehr Besucher kommen. Ostern ist vorbei, und bis Advent dauert es noch. Dann hat die Kirche Saison wie die Weihnachtsmärkte … Da geht es überall rund. Das ist die Zeit der Vorbereitung – die Zeit der frohen Erwartung. Na ja, eigentlich eher die Zeit der Hektik vor Weihnachten."

„Ja, wie jedes Jahr. Wenn die Geburt Christi gefeiert wird, sind alle in froher Erwartung. Dabei ist Er bereits geboren. Er ist da. Wozu also auf Ihn warten? Ihn herbeisehnen? Er ist längst da."

Gottes Hand lag müde neben der Tasse.

„Wie lange wollen die Menschen noch auf den Erlöser warten? Er ist schon vor über zweitausend Jahren auf diese Welt gekommen, hat Wunder vollbracht, den Hunger der Menschen gestillt – und sie hungern immer noch nach Ihm und auf die Erlösung durch Ihn. Sie spüren nicht, dass Er da war und da ist. Sie sehen Ihn nicht. Sie leben im Jammertal statt in Freude und Glück. Was kann ich noch tun, um ihre Augen zu öffnen?"

Ich wusste keine Antwort und schwieg.

Gott sah mich an und sagte: „Es ist wie der Blick nach draußen: Ich sehe etwas anderes als Sie. Ich sehe die Zeit zwischen Tag und Nacht – und spüre den Moment von Ruhe und Frieden. Und die Birke dort vor der Kirche, sie lässt mich den Frühling spüren, den zarten Duft des Werdens."

Ich schaute wieder zur Straße hinaus. „Eigenartig. Jetzt, wo Sie es sagen, sehe ich es auch – und ich kann es fühlen."

„Schön", sagte Gott. „Schreiben Sie dies bitte auch in Ihrem Bericht. – Der Cappuccino geht übrigens auf mich."

„Danke. Ich danke Ihnen. Nicht nur für den Cappuccino", sagte ich wie zu mir selbst.

„Möchten Sie noch eine Tasse?", fragte Leonardo, der wieder neben uns stand, mit lächelnden Augen.

„Nein, danke", beantwortete ich seine Frage.

„Sie sind doch vom Abendkurier, oder?", fuhr er fort. „Schreiben Sie eine Reportage über Cafés?"

„Nein. Ich schreibe über einen Cappuccino mit …", antwortete ich und schaute auf den leeren Stuhl mir gegenüber, „… mit dem besten Milchschaum der Welt – mit viel Liebe serviert."

überfliege die Worte noch einmal, die ich schon lange auswendig kann:

Mein himmlischer Vater,

es tut mir gut, dich bei deinem Namen rufen zu dürfen. Ich weiß, dass dein Reich dann auf Erden ist, wenn auch dort dein Wille geschieht – so wie im Himmel.
Danke, dass du für Nahrung sorgst. Nahrung für meinen Körper, meinen Verstand und für meine Seele.
Bitte hilf mir, dass ich mich voller Freude so annehmen kann, wie du mich erschaffen hast.
Denn dann kann ich mir selbst – und auch den anderen – verzeihen und vergeben.
Hilf mir auch, törichten und gefährlichen Versuchungen zu widerstehen, und schenke mir die Kraft, alles Mühsal und Leid zu überstehen.
Ich danke dir, dass ich in deinem Reich aus deiner Kraft und in deiner Geborgenheit leben und deine Herrlichkeit atmen darf.
Dankend singe ich dein göttliches Lied bis in alle Ewigkeit.

Amen.

DANKE!

Als Allererstes möchte ich mich bei allen Lesern bedanken, die ich mit dieser Geschichte erreicht habe.

Sie wäre nie zu Papier gekommen, wenn es in den vergangenen sieben Jahren nicht Menschen gegeben hätte, die mir ihre spannenden, berührenden, erstaunlichen und ganz persönlichen Ansichten zu Gott erzählt hätten. Ich kann nicht all diese Worte festhalten, die ich an der Haustüre, im Zug, am Telefon, in der Kirche oder am Stausee anhören durfte. Manches war schon nach wenigen Minuten zu meinem ganz eigenen Empfinden geworden, anderes blieb mir so fremd, dass ich es nicht beschreiben konnte. Ich danke allen ganz, ganz herzlich!

Mein besonderer Dank geht an Florian Severin, dessen Anmerkungen und Tipps mich zu Schweißausbrüchen führten. Ich weiß nicht, ob ich die Geschichte fertig geschrieben hätte, wenn mich nicht diese E-Mail von ihm erreicht hätte: „Was macht denn eigentlich der *Cappuccino mit Gott?* Hat Gott den inzwischen ausgetrunken oder nippt er noch und überlegt, wie es weiter geht?"

Dieses Überlegen habe ich Ihm abgenommen und die Geschichte fertig geschrieben.

Für mich war dann das „Abgeben" angesagt – und dieses gestaltete sich nach anfänglichen Schwierigkeiten so erfreulich, dass ich mich bei den guten Händen bedanken möchte, in die ich meine Geschichte legen durfte. Sie gehören Ilka Osenberg-van Vugt und den Kolleginnen und Kollegen im Verlag am Eschbach. Danke!

Zum Schluss liegt mir ein Mensch ganz besonders am Herzen. Sie haben ihn bereits kennengelernt: Leonardo! Als ich zu Leonardo sagte, dass ich mich in meinem Büchlein bei ihm bedanken möchte und ihn um sein Glücksrezept bat, schüttelte er lachend den Kopf und ging weg: „No, no, no … du siehst doch, ich habe Gäste."

Das stimmt, und sein Job ist auch nicht gerade leichter geworden. Er muss auf die Einhaltung der 3G-Regel achten. Dass dies nicht immer für Begeisterung sorgt, kann ich mir denken. Aber Leonardo hat sich ja immer schon um die 3Gs gekümmert. Für ihn ist alles o.k., wenn seine Gäste

gesund,
glücklich,
gut drauf
sind.

Deshalb möchte ich mich an dieser Stelle ganz herzlich bei allen Leonardos für meinen Leonardo stellvertretend bedanken und jedem die Begegnung mit einem solchen Menschen wünschen. Wer achtsam ist, kann ihn sogar überall entdecken: im Restaurant, an der Kasse, am Fahrkartenschalter, in der Klinik oder wo auch immer.

Möge er auch Ihnen begegnen und Ihren Tag ein wenig heller machen – mit einem Moment der Freude und einem Wimpernschlag positiver Energie.

Alles Liebe
Barbara

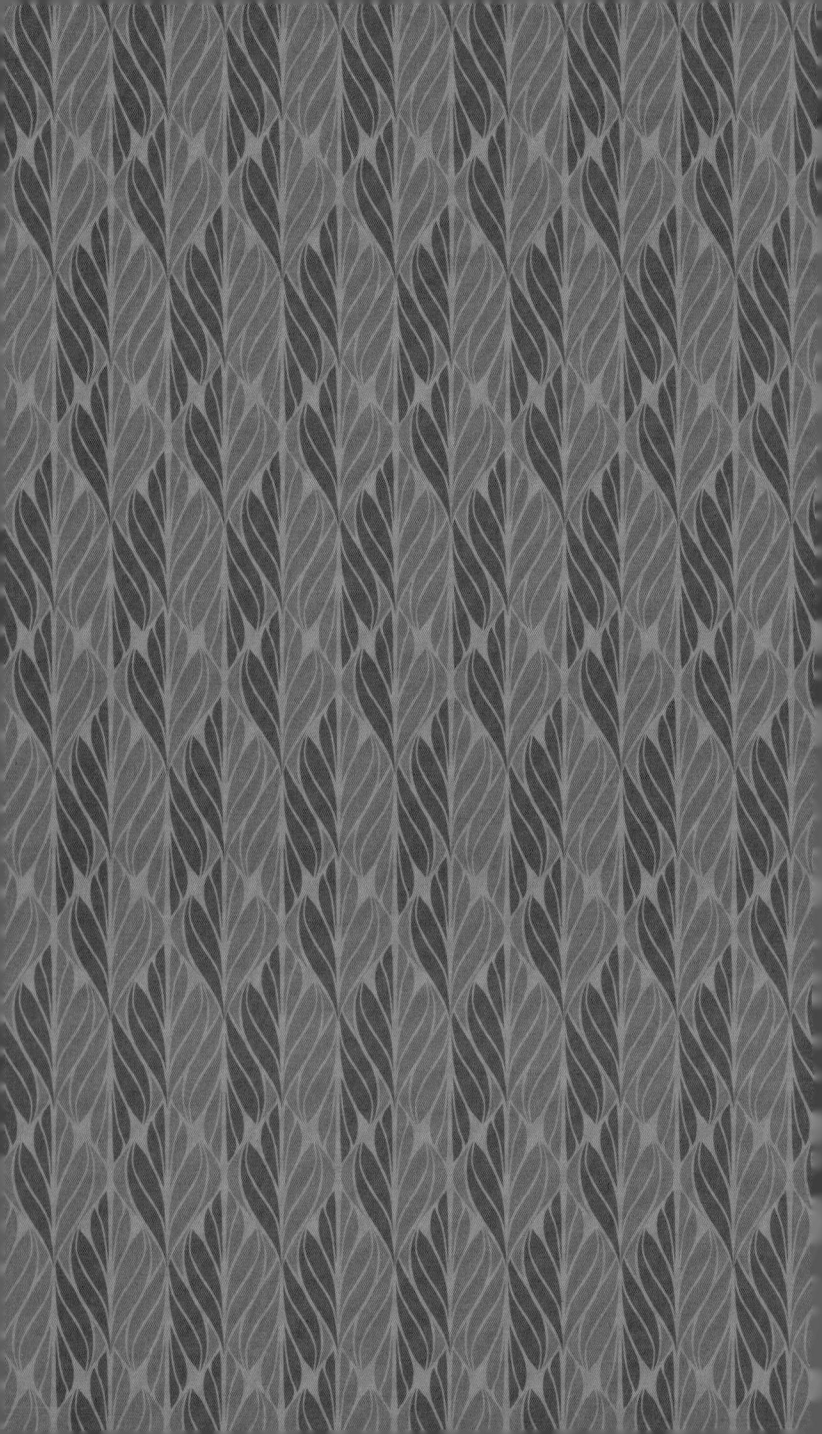

MEIN HIMMLISCHER VATER,

es tut mir gut, dich bei deinem Namen rufen zu dürfen.

Ich weiß, dass dein Reich dann auf Erden ist,
wenn auch dort dein Wille geschieht – so wie im Himmel.

Danke, dass du für Nahrung sorgst. Nahrung für meinen
Körper, meinen Verstand und für meine Seele.

Bitte hilf mir, dass ich mich voller Freude so annehmen
kann, wie du mich erschaffen hast.
Denn dann kann ich mir selbst – und auch den anderen –
verzeihen und vergeben.
Hilf mir auch, törichten und gefährlichen Versuchungen
zu widerstehen, und schenke mir die Kraft, alles Mühsal
und Leid zu überstehen.

Ich danke dir, dass ich in deinem Reich
aus deiner Kraft und in deiner Geborgenheit leben
und deine Herrlichkeit atmen darf.

Dankend singe ich dein göttliches Lied
bis in alle Ewigkeit.

Amen.

In gleicher Ausstattung ist im Verlag am Eschbach erschienen:

Gisela Rieger
Fahrplan ins Glück
Geschichten für die Lebensreise
ISBN 978-3-86917-872-1

Gisela Rieger
Die schönste Zeit ist heut
Geschichten, die Glück verschenken
ISBN 978-3-86917-692-5

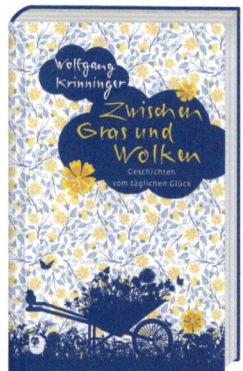

Wolfgang Krinninger
Zwischen Gras und Wolken
Geschichten vom täglichen Glück
ISBN 978-3-86917-799-1

Margarete C. Scheuvens
Dem Wunder leise begegnen
Geschichten, die Mut machen
ISBN 978-3-86917-762-5

Andreas Wojak
Sternstunden
Geschichten, die das Herz berühren
ISBN 978-3-86917-840-0

Christa Spilling-Nöker
Komm, mein Engel, bleib bei mir
ISBN 978-3-86917-809-7

Zur Autorin:
Barbara Reik vermisste in der Zeit des Lockdowns vor allem eins: den Cappuccino mit Freunden bei einem gemütlichen oder angeregten Plausch. So entstand ihre Idee: ein Interview mit Gott bei einer guten Tasse Cappuccino, den man auch allein zu Hause genießen kann. Mit ihrem Buch will sie vor allem eins: Seele und Verstand in Bewegung bringen. Denn Bewegung ist ihr Leben. Als begeisterte Tai-Chi-Lehrerin veröffentlichte sie schon mehrere Ratgeber. Sie lebt und arbeitet in Göppingen. Weitere Informationen unter www.barbara-reik.de

2. Auflage 2022

Alle Rechte vorbehalten
© 2022 Verlag am Eschbach,
Verlagsgruppe Patmos in der Schwabenverlag AG, Ostfildern
Im Alten Rathaus/Hauptstraße 37
D-79427 Eschbach/Markgräflerland

www.verlag-am-eschbach.de

Gestaltung und Satz: Angelika Kraut, Verlag am Eschbach
Kalligrafie: Ulli Wunsch, Wehr
Herstellung: Grafisches Centrum Cuno GmbH & Co. KG, Calbe
Hergestellt in Deutschland
ISBN 978-3-86917-942-1
ISBN 978-3-86917-943-8 (eBook)